Gabriele Wollenheit
**Tierische
Laubsägearbeiten**

Gabriele Wollenheit

Tierische Laubsäge- arbeiten

Pfiffige Motive – kinderleicht

Mit Vorlagenbogen

Augustus Verlag

Inhalt

Ein Wort zuvor 5

Wissenswertes über die Laubsäge 6
Was brauchen Sie an Material und
    Werkzeug? 6
Grundausstattung 6
Übertragungszubehör 6
Sonstige Materialien 7
Wo bekommt man was? 7
Sie möchten Ihr neues Hobby ausbauen?! 8

Das Holz - Arten und Sorten 8

**Farben, Beizen, Lacke und
Lasuren...** 9

Welche Pinsel sind geeignet? . . 10

Techniken 10
So überträgt man Motive von der
    Vorlage auf das Holz. 10
Wie spannt man das Sägeblatt ein? . . . 11
Das muß man beim Sägen beachten. . . 11
Wie macht man Innenausschnitte? . . . 11
Schmirgeln muß sein!. 12
Löcher bohrt man so 12
Wie baut man ein Mobile zusammen? . 12

Gestaltung 12
Naturbelassen oder bunt bemalt? 12
Beizen - wie macht man das? 13
So werden Augen und Punkte gemalt . . 13

Wichtige Hinweise 13

Kunterbunte Holzideen 14
Fischmobile. 16
Mondy, der Holzwurm 17
Heißluftballon 18
Dekoriertes Schaukelpferd 19
Pippo, der Clown! 20
Dreh-Teddy 21
Der Schäfer und seine Herde 22
Blumen - für drinnen und draußen . . . 24
Kinderbügel mit Namen 25

Allerlei rund ums Ei 26
»Kiki«, der Gänsebutler 28
Fensterbild - die Henne Berta 29
Hoppelhäschen 30
»Schnuti«, der fleißige Hase 31

Gartentiere 32
Ein Pinguin als Vogelscheuche 34
Igelfamilie 35
Minka, die freche Hauskatze 36
»Quacks und Quarcks« am Gartenteich . 37

Federvieh 38
Die »singende« Gans Jolanthe 40
Othello, der Hahn, und das
    Huhn Friederike 41
Watschelente zum Nachziehen 42

Sonne, Mond und Sterne 44
Sterntaler 46
Ein »dufter« Mond 47
Träumerle 48
Das Sandmännchen ist da. 49
Mondlicht 51

Türschilder 52
Brummi mit den Luftballons 54
Katz' und Maus. 55
Gänseduo 56

**Weihnachten kommt immer so
plötzlich** 58
Weihnachtsglocke 60
Adventsbaum. 61
Kerzenengel 62
Wintersportente 63

Ein Wort zuvor

Haben Sie auch Bedenken, daß Sie vielleicht gar nicht sägen können? Sie sind unbegründet. Sägen mit der Laubsäge ist genauso leicht wie das Schneiden von Tonpapier-Fensterbildern mit der Schere. Und, obwohl man ein wenig mehr Kraft benötigt, sogar etwas einfacher, denn: Holz knittert nicht und reißt auch nicht ein, wenn komplizierte Ecken und Winkel zu arbeiten sind. Ein kleiner »Ausrutscher« hinterläßt keine großen Fehlschnitte. Die Schere ist in dieser Hinsicht sehr viel »rücksichtsloser«.

Ganz wichtig: Sie benötigen keine teure Grundausstattung! Gerade das machte die Laubsägerei in den Kriegsjahren so beliebt und populär.

Dieses neuentdeckte Hobby ist dabei so unendlich vielseitig, daß ich Ihnen in diesem Buch nur einen Bruchteil der Möglichkeiten zeigen kann!

Trotzdem habe ich versucht, für jeden Geschmack, jede Altersstufe, jeden Bereich und jede Jahreszeit etwas Passendes vorzustellen! Jetzt sind Sie an der Reihe!

Sicher geht es Ihnen wie meinen Kursteilnehmern und -teilnehmerinnen: In kürzester Zeit sind Sie »sägesüchtig«! Eine Warnung muß aber sein: Sägen Sie niemals, auf gar keinen Fall, an Ihrem guten Küchen- oder Wohnzimmertisch! Entdeckt nämlich Ihre »bessere Hälfte« das »Fransenmuster« an der Tischkante, dann ist alle vorher ausgesprochene Bewunderung für Ihre Sägekünste dahin! Und noch etwas: Die Laubsägerei ist kein ausgesprochenes »Männerhobby«!! Frauen sind in meinen Kursen immer in der Überzahl.

Also, nur Mut! Außerdem sparen Sie in Zukunft eine Menge Geld, denn alle Geschenke kommen demnächst aus Ihrer eigenen Sägewerkstatt!

Mondy, der Holzwurm, und ich,
Ihre Gabriele Wollenheit,
drücken Ihnen ganz fest die Daumen.

Mein Dank gilt allen, die mir bei der Verwirklichung meines Buches tatkräftig geholfen haben! Ganz besonderen Dank also an meinen Mann Armin, meine Tochter Maren, meinen Vater Horst Schroeder und meine beiden Nichten Sabrina und Tatiana.

Wissenswertes über die Laubsäge

Wußten Sie, daß die Laubsäge bereits um 1560 in Italien erfunden wurde? Die damaligen Kunsttischler suchten nämlich ein Werkzeug, mit dem feinste Innenausschnitte und engste Kurven gearbeitet werden konnten. Allerdings bestand der Bogen nicht aus Metall, sondern zwei Holzarme waren mit einem Steg verbunden und wurden mit einer Schnur gespannt. Benutzt wurde diese Säge hauptsächlich zum Aussägen von Intarsien.

Im Ersten und Zweiten Weltkrieg war die Laubsäge dann ein beliebtes Werkzeug, mit dem man ohne großen Aufwand und kostengünstig Gegenstände für den alltäglichen Gebrauch und kleine Geschenke herstellen konnte. Zum Sägen war nur wenig Platz erforderlich und außerdem war die Arbeit so ungefährlich, daß sogar Kinder mit der Säge arbeiten durften (und natürlich auch heute noch dürfen).

Heute ist die Laubsäge als preiswertes und vor allem stromunabhängiges »Hobby-Werkzeug« ziemlich in Vergessenheit geraten. Um dies zu ändern, und natürlich weil mir persönlich Laubsägearbeiten viel Spaß bereiten, habe ich dieses Buch geschrieben.

Beim Kauf eines Laubsägebogens sollten Sie darauf achten, daß er mit sogenannten Knebelspannschrauben ausgerüstet ist. Meistens wird der Bogen nämlich nur mit einfachen Flügelschrauben angeboten, die für oftmaliges Ein- und Ausspannen vollkommen ungeeignet sind, da sie keinerlei Hebelwirkung besitzen. In diesem Fall haben Sie die Möglichkeit, Knebelspannschrauben einzeln zu kaufen und gegen die Flügelschrauben auszutauschen.

Beim Standard-Laubsägebogen beträgt die Länge der einzuspannenden Sägeblätter generell 130 mm. Bitte achten Sie unbedingt darauf, daß Sie Sägeblätter für Holzbearbeitung kaufen und **nicht** für Metall!

Standard-Laubsägeblätter werden meist im Dutzend pro Größe angeboten. Oft besteht aber auch die Möglichkeit, ein Sortiment von ebenfalls einem Dutzend, aber in unterschiedlichen Stärken, zu erwerben.

Was brauchen Sie an Material und Werkzeug?

Grundausstattung

Laubsägebogen
Laubsägeblätter – Sortiment verschiedener Größen
Sägetischchen mit Schraubklemme
Schleifpapier oder Schmirgelschwamm
Bleistift
Massiv- oder Sperrholz

Übertragungszubehör

Je nach gewählter Übertragungstechnik variieren die dafür notwendigen Materialien. Nähere Informationen hierzu finden Sie im Kapitel »Techniken«, S. 10.

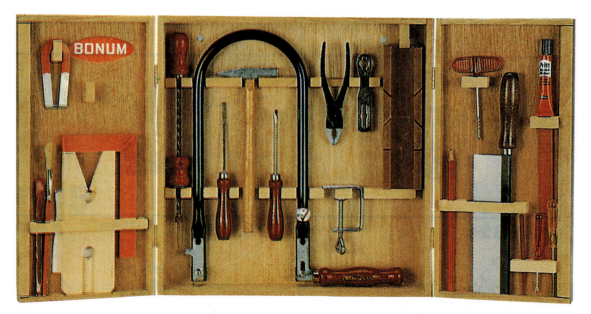

Grundausstattungen für Laubsägearbeiten gibt es recht preiswert als fertige Sets zu kaufen. Hier zwei Beispiele der Firmen Bonum und Junior

Werkfoto: Bonum

Bitte beachten Sie:
Die genannten Werkzeuge und Materialien benötigen Sie immer, bei jedem Objekt! Sie werden daher im folgenden nicht mehr einzeln aufgezählt, sondern lediglich als »Übertragungszubehör« und »Grundausstattung« aufgeführt.

Sonstige Materialien

Holzleim, Sekunden- und Bastelkleber
Hand- oder Akkubohrer
Pinsel, Bootslack, Dickschichtlasur
Pinzette, Schere, Lineal
Anspitzer, Radiergummi
Für einige Objekte benötigen Sie außerdem Holzperlen, Samtfaden, Peddigrohr und andere Accessoires, die aber jeweils angegeben sind.

Wo bekommt man was?

Zum Einkauf des wichtigsten Materials – *Sperrholz* – bieten sich Holzhandlungen und Baumärkte an. Besonders Reststücke bekommen Sie dort manchmal zu sehr günstigen Preisen.
Laubsägebogen und *Laubsägeblätter* finden sich in den meisten Heimwerkerhaushalten. Wenn nicht, ist beides – genau wie Schmirgelschwamm, Handbohrer, Sekundenkleber, Rundholz, Holzleim, Holzbeize, Lacke und Lasuren sowie das Sägetischchen – in Baumärkten und Bastelläden zu bekommen.
Die beste Adresse für *Pinsel, Holzperlen, Bastelfarben, Samtfaden, Peddigrohr* und *Augenstempel* ist dagegen wohl das Bastelgeschäft.
Sternzwirn erhalten Sie in der Kurzwarenabteilung.

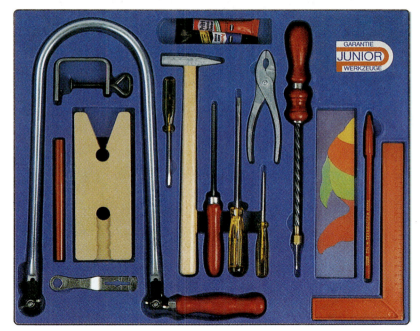

Werkfoto: Junior

7

Sie möchten Ihr neues Hobby ausbauen?!

Dekupiersäge mit stufenlos regelbarer Motorleistung, Schleifscheibe und höhenverstellbarem Sägetisch.

Grundsätzlich können alle in diesem Buch vorgestellten Holzarbeiten mit der Handlaubsäge gearbeitet werden. Wenn Sie »auf den Geschmack« gekommen sind und Laubsägearbeiten häufiger und in größeren Stückzahlen herstellen möchten, empfiehlt sich die Anschaffung einer elektrischen Laubsäge, genannt »Dekupiersäge«!

Diese Dekupiersägen werden von verschiedenen Firmen in den unterschiedlichsten Ausstattungen und Preislagen angeboten. Angefangen bei etwa 150,- DM gehen die Preise bis weit über 1000,- DM. Beispielsweise können Sie Sägen mit höhenverstellbarem Tisch sowie stufenlos regelbarer Motorleistung und mit integriertem Schleifteller kaufen. Angeboten werden sie in Baumärkten, Werkzeugfachgeschäften und beim Heimwerkerbedarf. Ich möchte Ihnen dringend raten, einen genauen Vergleich zwischen Ausstattung und Preis anzustellen, denn nur so können Sie die für Ihre Bedürfnisse geeignete Säge finden.

Das Holz – Arten und Sorten

Sperrholz besteht aus mehreren, in der Maserung versetzt aufeinandergeklebten dünnen Holzplatten. Die Plattenstärke ergibt sich durch die Anzahl der zusammengeleimten Lagen. Speziell für den Flugzeugmodellbau ist beispielsweise 0,8 mm dünnes Birkensperrholz erhältlich, das sich vorzüglich zum Herstellen sehr filigraner Motive eignet! Auch wasserfest verleimtes Sperrholz können Sie kaufen. Es läßt sich allerdings ziemlich schwer sägen und muß, wenn es wetterfest werden soll, trotzdem mit Bootslack versiegelt werden. Die verschiedenen Sperrholzarten geben Ihnen die Möglichkeit, farblich geeignetes Material zu wählen. Die Palette reicht von fast weiß (*Pappel*) über gelblich (*Ayous*) und rötlich (*Gabun*) bis hin zu braun. Je nach Sorte variiert auch die Maserung von ganz schwach bis sehr stark.

Bitte beachten Sie:
Sperrholz der Sorte Gabun, beispielsweise also eine rötliche Holzsorte, verändert den Originalton der Beize: Gelbe Beize wird orange, denn rot und gelb ergibt bekanntlich immer orange!
Vor dem Holzeinkauf sollten Sie deshalb überlegen, welche Motive Sie nacharbeiten möchten. Auch die Holzstärke sollten Sie, wenn Sie eigene Ideen verwirklichen wollen, dem Motiv anpassen.

Für alle Gartentiere und andere Laubsägearbeiten, die für draußen gedacht sind, verwenden Sie am besten Massivholz.
Optimal für unsere Zwecke geeignet ist *Abachi*. Es ist ein sehr leichtes und weiches Holz, das sich auch bei einer Stärke von 20 mm noch mit der Laubsäge bearbeiten läßt.

Farben, Beizen, Lacke und Lasuren...

Zur Bemalung sind jede wasserlösliche Bastelfarbe, jeder Acryl-Lack sowie Seiden- oder Stoffmalfarben verwendbar.
Bastelfarben sind matte oder hochglänzende Lacke auf Wasserbasis, die speziell für den Hobbybereich in kleinen Mengen angeboten werden.
Seiden- und *Stoffmalfarben* gibt es in transparenter und deckender Ausführung.
Auch normale und wasservermalbare *Buntstifte* können, je nach Motiv, zur farblichen Gestaltung geeignet sein.
Außerdem gibt es noch ein Sortiment von etwa zehn bunten, wasserlöslichen Holzbeizen Rot, Orange, Gelb, Grün, Blau, Schwarz, Grau, Violett, Türkis – und viele Brauntöne, aber **kein** Weiß. Diese Beizen sind als Pulver erhältlich.
Als Schutzanstrich für Innen eignet sich eine reine *Bienenwachslasur* ohne Lösungsmittel. Dagegen brauchen alle Teile, die der Witterung ausgesetzt sind, einen wetterfesten Schutzanstrich. Je nach Holzart eignet sich dafür farblose *Dickschichtlasur* oder *Bootslack*.

... und ihre Anwendung

Bastelfarben, ob matt oder glänzend, sind nach dem Trocknen wasserfest. Sie können problemlos mit Farben aller Art übermalt werden.
Anders sieht es bei den *Holzbeizen* aus. Da sie wasserlöslich sind, lassen sie nur bedingt ein Übermalen mit anderen Farben zu. Trennen Sie gegebenenfalls beide Farbarten durch einen Zwischenanstrich mit farbloser Dickschichtlasur.
Außerdem werden Sie große Schwierigkeiten haben, mit Beizen einen exakten Farbauftrag bzw. eine genaue Farbangrenzung zu erreichen. Durch ihre wässrige Konsistenz ist das beinahe unmöglich. Beizen eignen sich daher eher für Innenräume und einfarbige Bemalung.
Stoff- und *Seidenmalfarben* reagieren bei der Verarbeitung genau wie Holzbeizen.
Bienenwachslasur verleiht den Farben einen zarten, seidigen Glanz. Sie läßt sich schnell und problemlos auftragen, da sie nach dem Trocknen keine sichtbaren Pinselstriche oder Tropfnasen hinterläßt. Allerdings ist sie nicht wasserfest!
Mit farbloser *Dickschichtlasur* auf Wasserbasis habe ich bei allen Werkstücken, die einen wetterfesten Anstrich erforderlich machen, und – das ist sehr wichtig! – aus Massivholz bestehen, sehr gute Erfahrungen gemacht! Ein einmaliger, satter Auftrag ist völlig ausreichend.
Mehrere Anstriche mit *Bootslack* machen auch aus Sperrholz hergestellte Werkstücke wetterfest.
Eine Bemalung mit *Buntstiften* ist besonders für kleinere Kinder gut geeignet. Größere erreichen auch mit *wasservermalbaren Stiften* interessante Effekte, z. B. Schattierungen.

TIP

Ein neuer Lasur- bzw. Lackauftrag in jedem Frühjahr läßt Ihre Garten- oder Balkonfiguren »unsterblich« werden.

Welche Pinsel sind geeignet?

Grundsätzlich gilt: Nur ein gepflegter Pinsel, in guter Qualität, bringt saubere Malergebnisse! Mit »ausgefransten«, alten Pinseln oder einfachen Schulmalpinseln, die keine saubere Spitze bilden, können Sie z. B. niemals ein ordentliches Auge oder andere exakte Linien malen. Es ist also durchaus angebracht, für Pinsel ein bißchen mehr Geld auszugeben!

Sehr gute Erfahrungen habe ich mit *Synthetikhaarpinseln* »Gold Sable« oder »Toray-Haar« gemacht. Sie haben den Vorteil, wesentlich formstabiler und langlebiger zu sein als Naturhaarpinsel. Für den Anfang reichen drei dünne Pinsel in den Größen 1, 3 und 5 völlig aus.

Für große, einfarbige Flächen, zum Grundieren und zum Beizen können Sie ohne weiteres einen dicken, preiswerten Schulmalpinsel benutzen. Auch die billigen Malerpinsel, rund oder flach, sind hierfür geeignet.

Ein dicker Pinsel ist ausreichend; haben Sie jedoch mehrere zur Verfügung, bleibt Ihnen das ständige, gründliche Ausspülen zwischen den unterschiedlichen Beizeaufträgen erspart.

Techniken

So überträgt man Motive von der Vorlage auf das Holz

Um die Motive von der Vorlage auf das Holz zu übertragen, gibt es mehrere Möglichkeiten:

Kopieren

Machen Sie von der Vorlage eine Kopie. Diese kleben Sie mit einem wieder ablösbaren Kleber (auch Rubbelkleber genannt, da sich die Reste abrubbeln lassen) auf das Holz. Jetzt können Sie Ihr Motiv ganz exakt aussägen. Wenn Sie diese Arbeit beendet haben, entfernen Sie die Kopiereste, indem Sie sie einfach vom Holz abziehen. Eventuelle Kleberreste mit dem Daumen abrubbeln.

Diese Technik ist sehr gut für filigrane Arbeiten mit vielen Innenausschnitten geeignet, da ein Übertragen per Hand viel zu aufwendig und ungenau wäre.

Abpausen

Sie legen Transparentpapier auf den Vorlagebogen und zeichnen sämtliche Umriß- und Innenlinien des Motivs nach. Dann befestigen Sie einen Bogen Graphitpapier mit Klebestreifen auf dem Holz und kleben das Transparentpapier mit dem abgepausten Motiv darüber. Jetzt müssen Sie nochmals mit leichtem Druck auf allen Linien entlangfahren. Damit auch wirklich keine vergessen wird, ist es sinnvoll, einen Buntstift zu verwenden. So läßt sich genau erkennen, welche Linien schon nachgezeichnet wurden und welche nicht.

Fertig? Kein Eckchen vergessen? Dann können Sie beide Bogen entfernen. Das gewünschte Motiv ist nun auf Ihrer Holzplatte mit allen Details zu sehen.

Schablonen herstellen

Besorgen Sie sich etwas festere, durchsichtige Folie im Schreibwarenbedarf. Auch alte Folienschnellhefter sind gut geeignet, wenn die Folie nicht zu dünn ist. Legen Sie die Folie auf das Motiv und zeichnen Sie alle Umrisse und Innenlinien mit einem wasserfesten, feinen Filzstift nach.

Wenn Sie das aufgezeichnete Motiv jetzt sorgfältig ausschneiden, haben Sie eine dauerhafte Schablone, die Sie nur noch auf das Holz legen

und mit einem Bleistift umfahren müssen. Die Innenlinien zeichnen Sie freihändig ein.
Sie können aber auch einen Bogen Graphitpapier unter die Folienschablone auf das Holz legen und die Innenlinien mit einer leeren Kugelschreibermine nachziehen.
Bei dieser Methode bleibt die Vorlage vollkommen sauber und ohne Bleistiftabdrücke erhalten.

Direktübertragung

Dies ist die schnellste Methode, ein Motiv von der Vorlage zu übertragen!
Legen Sie dafür einen Bogen Graphitpapier auf das Holz und darüber die Originalvorlage. Befestigen Sie beides mit Klebestreifen und ziehen Sie mit einem Buntstift alle Linien nach. Haben Sie auch keine vergessen? Dann können Sie Graphitpapier und Vorlage wieder entfernen. Das Motiv ist auf dem Holz zu sehen.
Nachteil: Nach einigen Übertragungen ist Ihre Originalvorlage nicht mehr zu gebrauchen.

Wie spannt man das Sägeblatt ein?

Lösen Sie zunächst die beiden Flügelschrauben an Ihrem Laubsägebogen. Jetzt können Sie das Sägeblatt lose einlegen – die Sägezahnspitzen müssen nach unten zum Sägegriff zeigen. Ziehen Sie nun die untere Flügelschraube an. Drücken Sie danach den Sägebogen ein wenig zusammen.
Nachdem Sie die obere Flügelschraube angezogen haben, ist das Sägeblatt fest eingespannt.

Das muß man beim Sägen beachten

Unerläßlich bei feinen Sägearbeiten ist ein *Sägetischchen*. Es wird mit einer Schraubzwinge an der Tischkante befestigt. Während des Sägens halten Sie den Unterarm seitlich vom Körper. Die Hand umfaßt den Griff und führt die Säge ohne großen Druck senkrecht auf und ab. Der Sägebogen wird dabei waagerecht und parallel zum Unterarm gehalten. Um Ecken, Kurven oder enge Winkel sägen zu können, bewegen Sie den Bogen auf der Stelle auf und ab.

So halten Sie den Sägebogen richtig.

Sägeblatt oben wieder einspannen, Innenteil heraussägen.

Dabei drehen Sie grundsätzlich nur das Holz, niemals die Säge, langsam in die gewünschte Richtung.

Wie macht man Innenausschnitte?

Um mitten aus einem Motiv ein Stück heraussägen zu können, müssen Sie zuerst ein kleines Loch in das auszusägende Teil bohren. Dann lösen Sie die obere Flügelschraube an Ihrem Sägebogen und stecken das jetzt lose Sägeblatt von unten nach oben durch das Loch. Sägeblatt wieder einspannen und festschrauben. Nun können Sie das Teil ohne Probleme aussägen.

Danach lösen Sie das Sägeblatt wieder und ziehen es nach unten heraus.

Schmirgeln muß sein!

Eine unerläßliche Arbeit vor dem Bemalen ist sorgfältiges Schmirgeln. Benutzen Sie dafür Schleifpapier oder einen Schmirgelschwamm. Deren Körnung beeinflußt die Feinheit der Oberflächenstruktur. Für die in diesem Buch vorgestellten Arbeiten wird im allgemeinen eine Körnung von 180 bis 240 ausreichen. Schmirgeln Sie grundsätzlich nach außen, in Richtung Sägekante! Achten Sie darauf, daß der letzte Feinschliff in Maserrichtung erfolgt. Sollten Sie beim Schmirgeln einige Innenlinien »wegradiert« haben, so nutzen Sie die unter »Direktübertragung« (siehe Seite 11) erklärte Technik, um sie für die Bemalung wieder einzuzeichnen.

Löcher bohrt man so

Löcher müssen sehr häufig und in den verschiedensten Durchmessern gebohrt werden.

Egal, ob groß oder klein, immer besteht die Gefahr, daß sie auf der Rückseite stark ausfransen.

Um diesem Malheur zu entgehen, empfiehlt es sich, grundsätzlich ein Stück Abfallholz an der Bohrstelle unter Ihr Werkstück zu legen.

Wie baut man ein Mobile zusammen?

Alle hängenden Teile müssen zunächst ausbalanciert werden. Dazu nehmen Sie eine Pinzette und halten mit ihr das fertig bemalte Motiv am äußeren Rand locker fest. Es muß noch pendeln können. Durch Versetzen der Pinzette finden Sie sehr schnell den Schwerpunkt heraus. An dieser Stelle bohren Sie dann das Loch.

Durch das Loch führen Sie den Faden, mit dem das Motiv am Tanzstab befestigt wird. Auch dieser muß ausbalanciert werden.

Bauen Sie ein Mobile grundsätzlich von unten nach oben zusammen! Andernfalls könnte es Ihnen passieren, daß Sie einen Tanzstab nicht mehr waagerecht ausbalancieren können, ohne daß die daran hängenden Teile mit anderen kollidieren.

Die Fäden, die die Tanzstäbe tragen, fixieren Sie erst ganz zum Schluß mit einem Tropfen Sekundenkleber.

Gestaltung

Naturbelassen oder bunt bemalt?

Grundsätzlich könnten Sie jedes in diesem Buch gezeigte Modell in seiner natürlichen Holzoberfläche belassen. Holz hat, bedingt durch Farbe und Maserung, seine eigene Wirkung, die durch einen Auftrag mit farblosem Bienenwachs noch verstärkt werden kann.

Ein aus Massivholz gearbeiteter, naturbelassener Lichtermond beispielsweise paßt sich jeder Einrichtung an. In dieser Ausführung ist er auch als Geschenk für Erwachsene sehr gut geeignet. Ein Kind dagegen wird stets ein farbenfrohes Mobile o. ä. bevorzugen!

Überlegen Sie deshalb gut, welchem Zweck Ihr Werkstück dienen bzw. wer es bekommen soll!

Beizen – wie macht man das?

Einfarbig beizen

Tragen Sie die Beize mit einem dicken, weichen Pinsel zügig auf Vorderseite, Rückseite und Kanten des gut entstaubten Werkstückes auf. Stellen Sie jetzt das gebeizte Teil senkrecht auf Küchenkrepp ab. Vor der Weiterverarbeitung gründlich trocknen lassen!

Beizen in Aquarelltechnik

Die Arbeitsweise entspricht genau der oben beschriebenen für einfarbiges Beizen. Allerdings tragen Sie hier nicht nur eine einzige, sondern mehrere, farblich verschiedene Beizen neben- bzw. übereinander naß in naß auf. Halten Sie die Laubsägearbeit dabei waagerecht. Erst wenn die Beize in das Holz eingezogen ist, dürfen Sie sie senkrecht abstellen! Möchten Sie nicht so intensive, sondern eher zarte Pastelltöne erreichen, feuchten Sie Ihr Werkstück vor dem Beizen mit etwas Wasser an. Tragen Sie in jedem Fall nur soviel Wasser und Beize auf, wie das Holz aufsaugen kann. Die Beizflüssigkeit darf nicht darauf »stehen«.

Die einzelnen Farben würden sonst unkontrollierbar ineinanderlaufen.

So werden Augen und Punkte gemalt

Natürlich können Sie Augen und auch größere Punkte mit Bleistift vorzeichnen und dann ausmalen. Es gibt aber auch eine viel simplere Methode, die nach etwas Übung zu wesentlich saubereren Ergebnissen führt:
Im Bastelgeschäft bekommen Sie ein Sortiment »Augenstempel« für Porzellanpuppen. Diese »Stempel« haben verschiedene Durchmesser. Um ein Auge zu malen, tauchen Sie einen größenmäßig passenden Stempel in weiße Farbe. »Drucken« Sie die Farbe auf Ihr Motiv. Wenn sie trocken ist, nehmen Sie einen kleineren Stempel mit schwarzer Farbe und drucken damit die Pupille. Jetzt noch mit einer dünnen, schwarzen Linie umranden, einen kleinen, weißen Lichtpunkt setzen – schon ist das Auge fertig!
Ein zusätzlicher Vorteil: Augen und Punkte sind immer ganz exakt rund und außerdem gleich groß.

Wichtige Hinweise

Wenn nicht anders angegeben, werden Vorder- und Rückseiten gleich bemalt.
Ist die Bemalung fertig und getrocknet, ziehen Sie sämtliche Innenlinien ganz zart mit schwarzer Bastelfarbe nach. Der Unterschied zu dem gleichen Motiv ohne eingetragene Innenlinien ist unübersehbar!

An der in der Vorlage mit einem Kreuz gekennzeichneten Stelle bohren Sie in Ihr Werkstück ein Loch. Gepunktete Flächen werden herausgesägt.

Und nun geht's endlich los!

Kunterbunte Holzideen

*Einmal so beschaulich wie ein Schäfer leben? Ohne Hektik, ohne »Stadtmief«? Keine Zeit dazu!? Dann könnte doch ein Schäfermobile das Richtige für Sie sein! Ein sanfter Luftzug bewegt es sachte hin und her. Sein Anblick läßt Hektik und Streß vergessen.
Sie lieben Fische, haben aber keinen Teich dazu? Wie wär's dann, als Ersatz, mit einem bunten Fischmobile?
Vergessen Sie nicht, daß das Übertragen, Aussägen, Schmirgeln und Entstauben bei allen Arbeiten gleich ist. Sie werden nur noch selten erwähnt oder dann, wenn etwas Besonderes beachtet werden muß.
Genauso finden Sie bei der Aufzählung der Dinge, die gebraucht werden, nur die besonderen und nicht die Grundausstattung.
Und nun viel Spaß bei der Säge- und Bastelarbeit!*

Fischmobile

TIP

Ein interessanter Effekt ergibt sich, wenn die Augen auf noch nicht völlig durchgetrocknete Beizen gestempelt werden:
Je nach Grundfarbe des Fisches verfärben sie sich pastellblau, pastellgrün usw., was durchaus der natürlichen Augenfarbe von Fischen entspricht.

Das wird gebraucht

Sperrholz, 6 mm und 8 mm dick
Holzbeize, rot, gelb, grün, blau, orange und violett
Bastelfarben, schwarz und weiß
Samtfaden, hellblau
Holzperlen, ⌀ 10 mm, in verschiedenen Farben
Peddigrohr, 1,50 m, ⌀ 3 bis 4 mm
6 blaue Holzperlen, ⌀ 14 mm

So wird's gemacht

Der große Fisch wird in Aquarelltechnik gebeizt. Die kleinen Fische einfarbig in Rot, Blau, Gelb usw. beizen.
Alles gut trocknen lassen und dann die Augen – bei dem großen Fisch auch die Innenlinien – malen.
Das Peddigrohr mittels Tauchen oder Pinseln blau beizen.
Der Zusammenbau des Mobiles beginnt mit den beiden unteren Fischen. Dafür die Fische, wie auf Seite 12 beschrieben, ausbalancieren und in das Loch ein etwa 10 bis 15 cm langes Stück Samtfaden einknoten.
Zur Verzierung kann vorher noch eine 10 mm-Perle in beliebiger Farbe aufgezogen werden.
Jetzt ein etwa 20 cm langes Stück Peddigrohr an beiden Enden mit einer blauen Perle versehen. Einen Faden mit Fisch rechts, den anderen links direkt neben der Perle am Peddigrohr anknoten.

Hinweis: Bei allen folgenden Arbeitsgängen sind die Längen für Peddigrohr und Samtfaden durch Probieren zu ermitteln! Auf keinen Fall dürfen sich die Fische gegenseitig berühren oder an das Peddigrohr stoßen.

Dann ein Stück Samtfaden etwa in der Mitte des Peddigrohres anknoten und durch Verschieben ausbalancieren. Eine 10-mm-Perle aufziehen. Am oberen Ende des Fadens ebenfalls ein Stück Peddigrohr befestigen. Wiederum rechts und links eine 14-mm-Perle auf die Enden kleben und je einen Fisch anknoten. Perlen aufziehen nicht vergessen!
Der weitere Zusammenbau erfolgt stufenweise wie oben beschrieben.
Zum Schluß nochmals die Fäden an den Peddigrohren ausbalancieren, so daß alle Rohre waagrecht hängen! Die richtige Position sofort mit Sekundenkleber fixieren! Am obersten Peddigrohr ein Stück Samtfaden anknoten, eine Perle aufziehen, durch das gebohrte Loch an der unteren Flosse des großen Fisches ziehen und festknoten. Den großen Fisch ausbalancieren, durch das Loch einen Samtfaden ziehen, verknoten und aufhängen.

Schnittmuster siehe
Vorlagenbogen Seite A

Mondy, der Holzwurm

Das wird gebraucht

Massiv- oder Sperrholz, 10 bis 20 mm dick
Dickschichtlasur oder Bootslack
Bastelfarben, schwarz und weiß
Beize, rot
4 dicke Holzkugeln
Rundholz, ⌀ passend zum Loch der Kugeln
8 Unterlegscheiben
Evtl. 1 Ringschraube und farbige Kordel

Schnittmuster
siehe Vorlagenbogen Seite A

So wird's gemacht

Wie immer: übertragen, aussägen, schmirgeln und entstauben! Danach können Sie Mondy beizen, bemalen und mit Dickschicht oder Bootslack versiegeln. Bohren Sie jetzt die Löcher für die Rundhölzer und bringen Sie die Unterlegscheiben und Kugeln an.
Der Holzwurm kann als Schiebespielzeug oder auch, auf den Schreibtisch gestellt, als Heftstütze dienen (Heft in die Lücken stecken). Mit einem Schraubhaken und einer Kordel versehen, haben die Kleinsten ein niedliches Nachziehtier.

Heißluftballon

Das wird gebraucht

Sperrholz, 6 mm dick
Bastelfarben, schwarz, weiß und nach Ihrer Wahl
Holzbeize, hellbraun
Samtfaden, rot
Einige bunte Holzperlen, ⌀ 10 mm

Schnittmuster siehe
Vorlagenbogen Seite A

So wird's gemacht

Den Teddy beizen Sie hellbraun. Mit Bastelfarben werden der Heißluftballon und nach dem Trocknen auch der Teddy bemalt. Bohren Sie jetzt die Löcher von 2 mm Durchmesser und verbinden Sie Heißluftballon und Teddy miteinander. Denken Sie daran, einige Perlen aufzuziehen! Nun nur noch den Aufhängefaden anbringen.

Dekoriertes Schaukelpferd

Das wird gebraucht

Sperrholz, 4 mm dick
Acryl-Lack, weiß
Bastelfarben, schwarz, grau, antikblau, mittelblau und rot
Holzbeize, rot
Samtfaden, weiß
Geschenkband, weiß, rot und blau, 5 mm breit
Holzperlen, blau, weiß und rot, ⌀ 8 mm

So wird's gemacht

Das Pferd zuerst weiß grundieren. Nach dem Trocknen alle Innenlinien einzeichnen und ausmalen. Die Herzen beizen Sie rot. Nach dem Trocknen kleben Sie die beiden größeren Herzen vorn und hinten auf die Schaukelkufen und befestigen einige unterschiedlich lange Geschenkbänder. An eines der Bänder hängen Sie die zwei kleineren Herzen. Jetzt noch ausbalancieren, ein Loch bohren und den Samtfaden mit aufgefädelten Perlen einknoten.

TIP

Rot gebeizt, mit etwas Tannengrün und weihnachtlichen Deko-Artikeln geschmückt, erhält das Pferdchen ein völlig neues Aussehen.

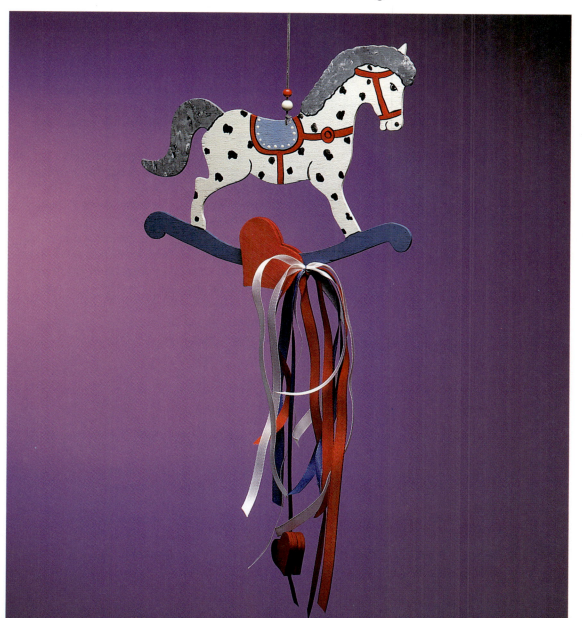

Schnittmuster siehe Vorlagenbogen Seite A

Pippo, der Clown

Das wird gebraucht

Sperrholz, 6 mm dick
Holzleim
Holzbeize, Farbton nach Ihrer Wahl
Samtfaden
4 Messingglöckchen

So wird's gemacht

Dieser Clown ist ziemlich einfach und schnell gemacht. Er besticht allein schon durch seine Größe.
Bohren Sie nach Vorlage die Löcher mit einem 3 mm starken Bohrer. Augen, Augenbrauen, Nase, Mund, Herz und Schleife werden herausgesägt (siehe »Innenausschnitte«, Seite 11). Die Sägeränder müssen Sie nochmals schmirgeln. Danach beizen Sie den Clown in einer Farbe Ihrer Wahl.
Den Ober- und Unterkörper verbinden Sie mit dem Samtfaden, den Sie durch die vorhandenen Löcher ziehen. Zwischen den beiden Körperteilen lassen Sie dabei einen Abstand von etwa 2 cm.
Die Samtfäden verzieren Sie mit je einem kleinen Messingglöckchen. Jetzt noch den Hut ankleben und einen Aufhängefaden anbringen – schon ist das Prunkstück fertig!

Schnittmuster siehe
Vorlagenbogen Seite A

TIP

Ein Auftrag mit Dickschichtlasur schützt »Pippo« vor allzu vielen Händen, die ihn anfassen werden.

Dreh-Teddy

Das wird gebraucht

Sperrholz, 4 mm dick
Holzbeize, blau, rot und grün
Bastelfarben, gelb, schwarz und weiß
Dickschichtlasur
Sternzwirn, in der Farbe Ihrer Wahl
Samtfaden, grün

So wird's gemacht

Den Kopf beizen Sie rot, den Bauch blau und die Beine grün. Das Gesicht und andere Details malen Sie, sobald die Beize trocken ist. Zwischenanstrich mit Dickschichtlasur nicht vergessen! Danach bohren Sie, wie in der Vorlage angegeben, die Löcher von 2 mm Durchmesser. Ziehen Sie den Sternzwirn hindurch und verknoten ihn so, daß sich alle Körperteile noch frei drehen können.
Nun noch den Samtfaden zum Aufhängen anbringen, und der Dreh-Teddy ist fertig.

Schnittmuster siehe
Vorlagenbogen Seite A

Der Schäfer und seine Herde

Das wird gebraucht

Sperrholz, 4 mm dick
Bohrer
Samtfaden, weiß
Etwa 25 weiße Holzperlen, ⌀ 10 mm
Zweig vom Korkenzieherhasel

So wird's gemacht

Nachdem Sie alles übertragen, ausgesägt, geschmirgelt und entstaubt haben, bohren Sie an den vorgesehenen Stellen jeweils ein Loch von 2 mm Durchmesser. Ziehen Sie einen Samtfaden hindurch, auf den Sie, je nach Länge, drei bis vier Perlen fädeln. Mit einem Knoten wird verhindert, daß sie herabrutschen.
Hängen Sie den Schäfer und seine Schafe an einen Korkenzieherhaselzweig. Auch dieser wird mit einem Samtfaden, den Sie an mindestens drei Stellen anknoten und ausbalancieren, aufgehängt!

Schnittmuster siehe
Vorlagenbogen Seite A

Blumen – für drinnen und draußen

Das wird gebraucht

Holzrest, 10 oder 20 mm dick
Dickschichtlasur oder Bootslack
Acryl-Lack – seidenmatt, grün
Beize, rot, gelb, blau und orange
Rundholzstab, ⌀ 6 oder 8 mm

Schnittmuster siehe
Vorlagenbogen Seite A

So wird's gemacht

Beizen Sie die Blumen in verschiedenen Farben. Bohren Sie jetzt an der Unterkante, je nach Holzstärke, ein Loch von 6 oder 8 mm Durchmesser.
Massivholzblüten mit Dickschichtlasur, Sperrholzblüten mit Bootslack versiegeln, nachdem Sie ein grün bemaltes Rundholz beliebiger Länge in das gebohrte Loch gesteckt haben.

TIP

Nehmen Sie 5 bis 7 Holzblumen und binden Sie zusammen mit frischem Grün einen Strauß daraus. Jetzt noch mit einer hübschen Schleife verzieren, und schon haben Sie ein ausgefallenes Mitbringsel.

Kinderbügel mit Namen

Das wird gebraucht

Sperrholz, 10 mm dick
Bastelfarben, rot, schwarz, weiß, blau und braun
Bienenwachslasur

Schnittmuster siehe
Vorlagenbogen Seite A

So wird's gemacht

Zeichnen Sie die Innenlinien ein und beginnen mit der Bemalung. Da nur Mütze, Haare und Augen zu malen sind, geht das sehr schnell! Ein zweimaliger, satter Anstrich mit Bienenwachslasur, auch über die rote Mütze, genügt.
Den Namen des Kindes bringen Sie mit einem feinen Pinsel und schwarzer Farbe an.

TIP

Dieser Kinderbügel eignet sich hervorragend für ein »auf die Schnelle« benötigtes Geschenk!

Allerlei rund ums Ei

Gerade zu Ostern sind die beliebten »Geflügelarten« ganz besonders begehrt! Da ist Kiki, die stolze Gans. Sie bietet freizügig bunt gefärbte Ostereier oder süße Naschereien an. Oder die Henne Berta: Sie freut sich über das schon lange ersehnte, aber natürlich noch »verpackte« Geschwisterchen für ihr kleines Kükenmädchen. Und Herr Mümmelmann wünscht allen »Frohe Ostern«.

»Kiki«, der Gänsebutler

Das wird gebraucht

Sperrholz, 10 mm dick
Acryllack – seidenmatt, weiß
Bastelfarben, orange, gelb, schwarz, grau und grün
Holzleim

Für das Tablett

Sperrholzplatte, 15 x 17 cm, 4 mm dick
Holzleiste, 20 x 4 mm, 70 cm lang
Bastelfarbe, rot

TIP

Auch ohne Tablett ist die Gans eine hübsche Dekoration. Dann wirkt es aber hübscher, wenn Sie die Federstriche am Bauch einzeichnen und eventuell eine Schleife umbinden

So wird's gemacht

Die Bodenplatte fertigen Sie aus 10 mm dickem Sperrholz. Zeichnen Sie dazu auf ein Reststück in etwa ein Oval mit unregelmäßigem gewellten Rand auf.
Bemalen Sie dann Gans und Flügel weiß, die Füße orange und den Schnabel gelb. Während die Farbe trocknet, betupfen Sie die Bodenplatte grün und gelb. Ein bißchen mehr Wasser im Pinsel läßt die beiden Farbtöne ineinanderlaufen und wesentlich lebendiger wirken!
Jetzt können Sie bestimmt schon die Augen und Details am Schnabel aufmalen. Die Flügel werden mit Holzleim auf beiden Seiten der Gans so festgeklebt, daß die Spitzen nach vorne zeigen. Während der Leim trocknet, sägen Sie für das Tablett ein Rechteck von 15 x 17 cm aus. Die Holzleiste in entsprechend lange Stücke teilen und als Rand an die Platte kleben. Das so entstandene Tablett wird rot bemalt und nach dem Trocknen mit Holzleim auf die Gänseflügel gesetzt. Den Gänsefuß ebenfalls mit Leim auf der Grundplatte anbringen. Als zusätzliche Befestigung können Sie von unten durch die Holzplatte ein Loch bis in den Fuß bohren und ein Rundholzstück einleimen!

Schnittmuster siehe
Vorlagenbogen Seite B

Fensterbild – die Henne Berta

Das wird gebraucht

Sperrholz, 4 mm dick
Acryl-Lack – seidenmatt, weiß
Bastelfarben, rot, orange, grau und schwarz
Beize, gelb und grün
Bohrer
Samtfaden, weiß
Sternzwirn, weiß

Schnittmuster siehe
Vorlagenbogen Seite B

So wird's gemacht

Das Huhn – Schnabel und Füße werden ausgespart – sowie das Ei weiß bemalen. Während die Farbe trocknet, beizen Sie das kleine Küken gelb und das »Rasenstück« in Aquarelltechnik (siehe Seite 13) gelb-grün.
Abstellen zum Trocknen. Danach die Schnäbel, Füße und Augen von Huhn und Küken ausmalen. Jetzt werden Ei, Küken und Gras ausbalanciert. Mit Sternzwirn hängen Sie die drei Teile in die gekennzeichneten und gebohrten Löcher. Erst dann wird auch das Huhn ausbalanciert und mit Samtfaden aufgehängt.

29

Hoppelhäschen

Das wird gebraucht

Übertragungsmaterial
Grundausstattung
Sperrholz, 10 oder 20 mm dick
Holzbeize, braun
Bastelfarben, schwarz, weiß und rosa
Pinsel und Wassergefäß
Evtl. Dickschichtlasur oder Bootslack

So wird's gemacht

Dieses Häschen ist eine attraktive Dekoration auf dem Ostertisch, der Fensterbank oder auch im Garten. Viel ist dafür nicht zu tun! Übertragen, Sägen, Schmirgeln, Entstauben und Beizen sind schnell erledigt. Wenn jetzt noch Augen, Ohren usw. gezeichnet sind, ist der Mümmelmann fertig!
Soll der niedliche Hase nach draußen, müssen Sie ihn natürlich mit Dickschichtlasur oder Bootslack noch wetterfest behandeln!

Schnittmuster siehe Vorlagenbogen Seite B

»Schnuti«, der fleißige Hase

Das wird gebraucht

Übertragungszubehör
Grundausstattung
Sperrholz, 20 mm dick
Beize, braun, grün und gelb
Bastelfarben, schwarz, weiß und rot
Pinsel und Wassergefäß
Holzleim

Für das Tablett

Sperrholz, 20 x 10 cm, 4 mm dick
Holzleiste, 20 x 4 mm, 70 cm lang

So wird's gemacht

Nach den Vorarbeiten beizen Sie »Schnuti« braun, das Gras in Aquarelltechnik (siehe Seite 13) gelb, grün und braun. Nach dem Trocknen der Beize malen Sie »Schnuti's« Gesicht.
Für das Tablett sägen Sie die Leiste in entsprechend lange Stücke und kleben sie als Rand an die 20 x 10 cm große Platte. Jetzt kann es gelb gebeizt und, wenn es trocken ist, auf die Hasenohren geklebt werden. Damit das fleißige Häschen nicht umkippen kann, kleben Sie je ein Grasteil vorn und hinten gegen seinen Bauch.
Ein wenig Ostergras und viele bunte Eier auf dem Tablett lassen alle Kinderherzen höher schlagen!

Schnittmuster siehe
Vorlagenbogen Seite B

Gartentiere

Eine trostlos wirkende Gartenecke? Ein trister Vorgarten? Stare, die einen eben noch über und über rot leuchtenden Kirschbaum als schlicht grünes Blätterdach hinterlassen? Kein Problem!
In der Gartenecke steht jetzt mit hocherhobenem Schwanz Minka, die freche Hauskatze.
Durch den Vorgarten spaziert gemächlich eine ganze Igelfamilie. Und ein Pinguin im Kirschbaum!? So etwas kennen nicht einmal die Stare! Da fliegen sie lieber – sicher ist sicher – in Nachbars Garten!

Ein Pinguin als Vogelscheuche

Das wird gebraucht

Massiv- oder Sperrholz, 20 mm dick
Acryl-Lack seidenmatt – schwarz, weiß, gelb und orange
Pinsel und Wassergefäß
Bohrer
Reißfester Faden, etwa 1 m

Schnittmuster siehe
Vorlagenbogen Seite B

So wird's gemacht

Bemalen Sie den Pinguin mit Acryl-Lackfarben, wie auf der Abbildung gezeigt. Die Augen zeichnen Sie zum Schluß. Gut durchtrocknen lassen.
Übertragen Sie die auf dem Vorlagebogen mit einem Kreuz bezeichneten Bohrpunkte auf die drei Pinguinteile.
Mit einem 2 mm-Bohrer bohren Sie nun an diesen Stellen jeweils ein Loch.
Bilden Sie Fadenstücke von etwa 20 cm Länge. Verknoten Sie damit jeweils Bauch mit Flügeln und Flügel mit dem Kopf, so daß sich die Teile frei drehen können. Ziehen Sie den restlichen Faden durch das obere Loch am Kopf und verknoten Sie ihn.
Den Pinguin hängen Sie als »Vogelscheuche« beispielsweise in Ihrem Kirschbaum auf. Der leiseste Windzug bringt ihn in ständige Bewegung. Kein »Kirschenklauer« – außer vielleicht menschlichen Ursprungs – traut sich jetzt noch an Ihre Früchte heran!

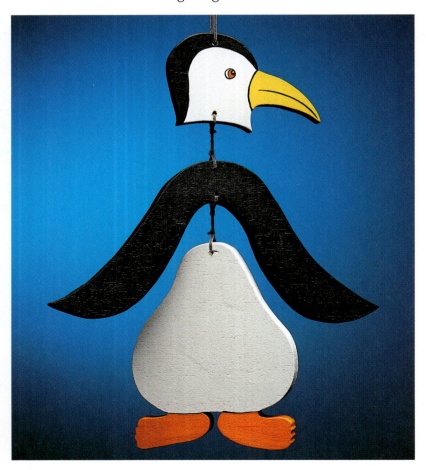

Igelfamilie

Das wird gebraucht

Massiv- oder Sperrholz, 20 mm dick
Dickschichtlasur oder Bootslack, je nach verwendeter Holzart
Bastelfarben, schwarz und weiß
Beize, rot, gelb, grün, blau und braun
Rundholz, ⌀ 8 mm, in beliebiger Länge

Schnittmuster siehe
Vorlagenbogen Seite B

So wird's gemacht

Beginnen Sie mit dem Auftragen der Beize. Bei den abgebildeten Igeln habe ich die verschiedenen Beizen streifenweise neben- bzw. übereinandergemalt. Lassen Sie alles gut trocknen und malen Sie jetzt Augen, Nase, Mund und Stacheln.

Dann bohren Sie in die Kante unterhalb des Bauches jedes einzelnen Igels ein Loch von 8 mm Durchmesser und stecken das Rundholz hinein.

Je nach Holzart tragen Sie abschließend Dickschichtlasur oder Bootslack als Wetterschutz auf.

Minka, die freche Hauskatze

Das wird gebraucht

*Massiv- oder Sperrholz, 20 mm dick
Dickschichtlasur oder Bootslack
Bastelfarben, grün, rosa, rot, schwarz und weiß
Beize, blau und schwarz
Rundholz, Ø 8 mm, in beliebiger Länge*

So wird's gemacht

Als erstes beizen Sie das Holz vollkommen blau. Auf die noch leicht feuchte, blaue Beize tragen Sie dann die schwarze Beize auf. Lassen Sie alles gut trocknen und malen Sie Minka mit Augen, Nase, Mund, Barthaaren und Krallen fertig.
In die Unterkante des hinteren Beines bohren Sie ein Loch von 8 mm Durchmesser, in das das Rundholz gesteckt wird.
Zum Schluß noch Dickschichtlasur oder Bootslack als Wetterschutz auftragen – und schon kann Ihr neues »Haustier« im Garten einziehen.

Schnittmuster siehe
Vorlagenbogen Seite B

»Quacks und Quarcks« am Gartenteich

Das wird gebraucht

Massiv- oder Sperrholz, 20 mm dick
Dickschichtlasur oder Bootslack
Bastelfarben, schwarz, weiß, gelb und rot
Beize, grün und gelb
Rundholz, ⌀ 6 mm, in beliebiger Länge

So wird's gemacht

»Quacks und Quarcks« werden vollständig grün gebeizt. Noch während die grüne Beize feucht ist, tupfen Sie im Bauchbereich etwas Gelb auf.
Nach dem Trocknen der Beize und dem Zwischenanstrich mit Dickschichtlasur malen Sie mit Bastelfarben Augen, Mund und die gelben, schwarz umrandeten Punkte an den Füßen. Wenn auch diese Farben getrocknet sind, bohren Sie zwischen den Beinen der Frösche ein Loch von 6 mm Durchmesser und befestigen darin je ein Rundholz. Gartentauglich werden die beiden durch einen abschließenden Anstrich mit Dickschichtlasur bzw. Bootslack.

Schnittmuster siehe Vorlagenbogen Seite B

Federvieh

Ob im blau-weißen Trend für die Küche oder kunterbunt für den jüngsten Nachwuchs – Enten, Gänse und Hühner sind immer ein begehrtes Motiv!
Beim Anblick der »singenden« Gans kann sich wohl kaum jemand ein Schmunzeln verkneifen.
Othello, der Hahn, und das Huhn Friederike beobachten derweil vom Küchenfenster aus, wie unten im Hof die Kinder vergnügt mit ihrer Watschelente herumziehen.

Die »singende« Gans Jolanthe

Das wird gebraucht

Sperrholz, 6 mm dick
Acryl-Lack – seidenmatt, weiß
Bastelfarben, orange, gelb, schwarz und grau
Pinzette
Schleifenband, 1 bis 4 cm breit
Samtfaden, 50 cm

So wird's gemacht

Bemalen Sie die ganze Figur, außer Schnabel und Füßen, mit weißem Acryl-Lack. Nach dem Trocknen zeichnen Sie die Augen. Die Füße werden orange und der Schnabel gelb bemalt. Mit leichten Pinselstrichen tragen Sie den Flügelansatz und die Schwanzfedern auf.

Bevor Sie die Gans mit der Pinzette ausbalancieren, binden Sie ihr noch eine Schleife um den Hals. Jetzt noch das Loch für den Aufhängefaden bohren, Samtfaden hindurchziehen und verknoten. Fröhliches Singen!

Schnittmuster siehe
Vorlagenbogen Seite A

Othello, der Hahn, und das Huhn Friederike

Das wird gebraucht

Sperrholz, 10 mm dick
Acryl-Lack – seidenmatt, weiß
Bastelfarben, rot, schwarz, grau und orange

Schnittmuster siehe
Vorlagenbogen Seite A

So wird's gemacht

Malen Sie das Paar mit der Lackfarbe weiß an. Schnabel, Kamm und Füße sparen Sie dabei aus. Erst wenn der Lack trocken ist, werden diese rot, d. h. die Füße orange bemalt. Zum Schluß das Auge und die Federn einzeichnen. Kleben Sie Othello und Friederike nebeneinander auf eine große Grundplatte. Plattenmaß und farbliche Gestaltung passen Sie dabei Ihren Platzverhältnissen und der Einrichtung an.
So hübsch dies Paar auch aussehen mag: Auf »Nachwuchs« warten Sie leider vergebens! Nicht einmal Eier legt das Huhn!

Watschelente zum Nachziehen

Das wird gebraucht

Massiv- oder Sperrholz, 20 mm dick
Dickschichtlasur oder Bootslack
Bastelfarben, gelb und schwarz
Beize, rot, gelb, grün und blau
1 Schraubhaken
Farbige Kordel, 1-1,5 m
Rundholz, ⌀ 6 mm
8 Unterlegscheiben, ⌀ innen 8 mm

So wird's gemacht

Beizen Sie je ein Rad in Rot, Gelb, Grün und Blau. Mit diesen vier Farben wird auch die Ente kunterbunt bemalt. Experimentieren Sie ruhig einmal ein bißchen herum: Halten Sie das Holz abwechselnd waagerecht und senkrecht und tupfen Sie die Beize wellen- oder streifenförmig dicht nebeneinander auf. Oder Sie befeuchten die Ente zuerst mit Wasser. Verlauf und Intensität der Farben hängen davon ab, wie naß Sie das Holz gemacht haben! Den Entenschnabel nicht mit beizen. Er wird später mit Bastelfarbe bemalt. Nach dem Trocknen der Beize malen Sie die Augen. Abschließend erfolgt ein Anstrich mit Dickschichtlasur oder Bootslack.
Bohren Sie jetzt an den angegebenen Stellen ein Loch. Bei der Ente beträgt der Durchmesser der beiden Löcher jeweils 8 mm. In die Räder dagegen dürfen Sie nur Löcher von 6 mm Durchmesser bohren!
Durch die beiden Löcher in der Ente stecken Sie jetzt ein Rundholz von etwa 7 cm Länge. Schieben Sie zuerst nur auf einer Seite je zwei Unterlegscheiben und ein Rad auf die Rundhölzer. Dasselbe geschieht anschließend auf der anderen Seite. Klopfen Sie die Räder vorsichtig auf das Rundholz! Sie müssen fest darauf sitzen!!
Nun wird nur noch der Schraubhaken am Hals der Ente eingedreht, die Kordel daran festgeknotet, und schon wird der oder die Kleine begeistert damit losziehen.

TIP

Noch während die aufgetupfte Beize feucht ist, übermalen Sie die gesamte Ente zügig mit gelber Beize. Benutzen Sie dafür einen dicken Pinsel. Lassen Sie sich von dem Ergebnis überraschen!

Schnittmuster siehe Vorlagenbogen Seite A

Sonne, Mond und Sterne

Erzählen Sie Ihren Kindern als Gutenacht-Geschichte doch mal
das Märchen vom Sterntaler.
Und dann hängen Sie, als Überraschung, das selbstgebastelte,
passende Mobile auf. Leuchtende Kinderaugen werden
das größte Lob für Ihre Mühe sein.
Beim Geburtstag Ihrer Freundin werden Sie bestimmt noch
einmal sehr bewundert! Einen so schönen Mond, noch dazu mit
Teelicht und Duftschale, hat bis jetzt nämlich noch niemand
geschenkt bekommen. Farblich angepaßt ist er nicht nur
etwas für die Kleinen, sondern sieht auch im Wohnzimmer der
Erwachsenen gut aus.

Sterntaler

Das wird gebraucht

Sperrholz, 4 mm dick
Bastelfarben, weiß, braun, gold und blau
Holzbeize, gelb
1 Lochkugel
15 Schaschlikspieße, blau bemalt
Sekundenkleber
Holzleim
Samtfaden, gelb
35 blaue Holzperlen, ⌀ 8 mm

Schnittmuster siehe
Vorlagenbogen Seite B

So wird's gemacht

Nehmen Sie ein Stück Samtfaden von etwa 1 m Länge zur Hand und machen Sie ungefähr in der Mitte einen dicken Knoten. Schieben Sie jetzt eine blaue Perle, dann die Lochkugel und wieder eine blaue Perle bis zum Knoten.

Am anderen Ende des Fadens bilden Sie eine kleine Schlaufe. Damit hängen Sie die fertige Arbeit möglichst frei im Raum auf, z. B. an einer Hängelampe, einem Deckenleuchter o. ä.

Als nächsten Schritt kleben Sie in jedes der 15 Löcher der Lochkugel einen Schaschlikspieß. Benutzen Sie dafür den Holzleim. Auf das andere Ende der Spieße stecken Sie je eine Holzperle und fixieren sie mit einem Tropfen Sekundenkleber.

Während der Holzleim trocknet, können Sie die Sterne und das Sterntalermädchen von der Vorlage auf das Holz übertragen, aussägen und schmirgeln.

Die Sterne werden gelb gebeizt. Beim Sterntalermädchen beginnen Sie damit, die Innenlinien zu übertragen. Arme, Beine und Gesicht lassen Sie naturfarben, das Kleid wird weiß und das Haar braun angemalt. Einige goldene Streifen und Pünktchen auf dem Kleid sowie goldene Schuhe vervollständigen die Farbgebung.

Bohren Sie an den bezeichneten Stellen in jeden Stern ein Loch, durch das Sie ein Stück Faden ziehen und festknoten. Wenn Sie die Perle aufgezogen haben, befestigen Sie das andere Ende am Schaschlikspieß. Achten Sie dabei darauf, daß die Fäden unterschiedlich lang sind.

Nach dem Ausbalancieren hängen Sie das Sterntalermädchen an den etwa 50 cm langen Samtfaden unterhalb der Lochkugel. Vergessen Sie nicht, vorher noch drei Perlen aufzuziehen!

In den Fuß des Mädchens hängen Sie ebenfalls einen Stern.

Das sah doch schwieriger aus als es war, oder?

Ein »dufter« Mond

Das wird gebraucht

Massivholz, 20 mm dick, für den Mond
Sperrholz, 10 mm dick, für den Stern
Bienenwachs oder Dickschichtlasur
Doppelseitiges Klebeband
1 hängende Teelichtschale (siehe Abbildung)
1 Teelicht mit Glasschale
Holzleim
Lederband

So wird's gemacht

Beide Teile behandeln Sie mit Bienenwachslasur. Dann bohren Sie die Löcher für das Auge (Durchmesser 10 mm) und für das hängende Teelicht (Durchmesser 2 mm). Kleben Sie jetzt den Stern mit Holzleim auf. Nicht mehr berühren! Wenn der Leim trocken ist, setzen Sie das Glasteelicht mit Klebeband darauf. Hängen Sie nun die Teelichtschale ein. Jetzt noch gut ausbalancieren, ein Loch bohren und mit dem Lederband aufhängen. Na also!

TIP

Durch die farbige Teelichtschale verbreitet der Mond im Dunkeln eine ganz besondere Atmosphäre. Für lange Sommerabende auf der Terrasse oder am Balkon ist er ein bezaubernder Anblick!

Schnittmuster siehe
Vorlagenbogen
Seite B

Träumerle

Das wird gebraucht

Sperrholz, 6 mm dick
Bastelfarben
Samtfaden
4 Holzperlen, ⌀ 8 mm
Pinzette

So wird's gemacht

Bei diesem Mobile habe ich bewußt keine Farbangaben gemacht. Passen Sie die Bekleidung des Sandmännchens sowie Samtfaden und Holzperlen der Kinderzimmereinrichtung an.
Zeichnen Sie als erstes die Innenlinien ein. Bemalen Sie das Sandmännchen und die Sterne nach Ihrem Geschmack.
Wenn alle Farben trocken sind, bohren Sie an den gekennzeichneten Stellen ein Loch von 2 mm Durchmesser. Die Sterne hängen Sie mit unterschiedlich langen Samtfäden an die Figur. Perlen aufziehen nicht vergessen! Mit der Pinzette ausbalancieren, Faden durch das Loch für die Aufhängung ziehen, Perle aufschieben, Samtfaden verknoten.

Schnittmuster siehe
Vorlagenbogen Seite B

Das Sandmännchen ist da

Das wird gebraucht

Übertragungszubehör
Grundausstattung
Sperrholz, 8 oder 10 mm dick
Bastelfarben, gelb und nach Ihrer Wahl
Pinsel und Wassergefäß
Bohrer
Samtfaden, gelb
3 Holzperlen, weiß, ⌀ 10 mm
Pinzette

So wird's gemacht

Zeichnen Sie zuerst alle Innenlinien ein und bemalen Sie den Mond mit gelber Bastelfarbe. Wenn er trocken ist, können Sie das Sandmännchen bemalen. Lassen Sie Ihrer Phantasie freien Lauf und kombinieren Sie die Farben nach Ihrem Geschmack. Balancieren Sie den Mond aus und bohren Sie an der gefundenen Stelle ein Loch.
Sobald Sie den Faden durchgezogen und die Perlen aufgefädelt haben, können Sie Ihr Werk aufhängen!

TIP

Bohren Sie am unteren Rand des Mondes noch einige Löcher und hängen Sie ein Schäfchen, eine Wolke und drei Sterne daran. Schon haben Sie ein »traumhaftes« Mobile!

Schnittmuster siehe Vorlagenbogen Seite B

Mondlicht

Das wird gebraucht

*Massiv- oder Sperrholz, 10 bis 20 mm dick
Bastelfarben, schwarz, weiß und orange
Beize, gelb
Evtl. Wetterschutzlasur oder Lack
Teelicht mit Glasbehälter
Doppelseitiges Klebeband
Holzleim
Samtfaden, gelb
1 gelbe Holzperle, ⌀ 12 mm*

So wird's gemacht

Beginnen Sie mit dem Beizen. Danach malen Sie das Gesicht. Nun wird der Stern mit Holzleim auf den Mond geklebt. Vorsichtig abstellen, bis der Leim getrocknet ist.
Kleben Sie dann auf die Mitte des Sterns ein Stück Klebeband und drücken Sie das Glasteelicht darauf.
Erst jetzt dürfen Sie den Mond ausbalancieren und bohren. Mit Samtfaden und der aufgefädelten Perle wird er aufgehängt.

TIP

Dieser Mond ist ausgesprochen vielseitig! Gelb gebeizt hängt er fröhlich lachend im Kinderzimmer. Beläßt man ihn aber naturfarben, paßt er ins moderne Wohnzimmer genausogut wie auf die Gartenterrasse. In diesem Fall sollten Sie ihn aber mit Wetterschutzlasur oder Lack, je nach Holzart, versiegeln. Sehr edel wirkt er, wenn Sie ihn Ton in Ton, passend zur Einrichtung gestalten! In diesem Fall sind sogar »abwegige« Farben, z. B. Antikblau oder Meergrün, nicht nur geeignet, sondern sogar ausgesprochen dekorativ!

Schnittmuster siehe
Vorlagenbogen Seite B

Türschilder

Wetterfest versiegelt eignen sich diese originellen Schilder nicht nur für Kinderzimmer- und andere Innentüren, sondern auch für draußen als dekorativer Blickfang an der Haustür.
Vergrößern Sie das von Ihnen ausgewählte Motiv vorher noch durch eine Kopie, werden Sie mit Ihrem Türschild bestimmt Aufsehen erregen!

Brummi mit den Luftballons

Das wird gebraucht

Sperrholz, 8 bis 10 mm dick
Dickschichtlasur
Bastelfarben, schwarz, weiß und brombeer
Transparente Seidenmalfarbe, hellrot und türkis
Holzbeize, hellbraun
2 Stücke fester Draht, 15 bis 20 cm lang
Sekundenkleber
Samtfaden, gelb
Doppelseitiges Klebeband

So wird's gemacht

Beizen Sie den Teddy hellbraun. Die Ballons werden mit der Seidenmalfarbe hellrot und türkis bemalt. Nach dem Trocknen malen Sie den Teddy mit Bastelfarben nach Vorlage der Abbildung an. Um die Luftballons sauber beschriften zu können, müssen sie mit Dickschichtlasur versiegelt werden.
In die Ballons bohren Sie jetzt jeweils ein Loch, in die Teddypfote zwei Löcher dicht nebeneinander in der Stärke des Drahts. Mit Sekundenkleber befestigen Sie die Drähte in den Löchern. Die Ballons bekommen eine Schleife aus gelbem Samtfaden.
Auf der Rückseite des Teddys bringen Sie das Klebeband an. Damit können Sie Ihr Türschild festmachen.

Schnittmuster siehe
Vorlagenbogen Seite B

Katz' und Maus

Das wird gebraucht

Sperrholz, 8 bis 10 mm dick
Dickschichtlasur
Bastelfarben, schwarz, weiß, grün, rosa und rot
Beize, grau
Samtfaden, rot, etwa 20 cm
6 Holzperlen, rot, gelb und grün, ⌀ 6 mm
Doppelseitiges Klebeband

So wird's gemacht

Die Katze bemalen Sie einseitig mit weißer Bastelfarbe. Die Maus wird grau gebeizt. Übertragen Sie jetzt mit einem Bleistift alle Innenlinien, Augen usw. Malen Sie dann die Gesichter der Katze und der Maus, die Krallen und Ohren so auf, wie auf der Abbildung gezeigt. Um die Maus sauber beschriften zu können, tragen Sie ein wenig Dickschichtlasur auf. Bohren Sie an den gekennzeichneten Stellen ein Loch von 2 mm Durchmesser. Den Samtfaden legen Sie doppelt und schieben das geschlossene Ende durch das Loch in der Maus. Stecken Sie beide Fäden durch die entstandene Schlaufe und ziehen Sie sie fest.
Schieben Sie auf jedes Fadenende eine rote, eine gelbe und eine grüne Perle. Je einen Faden knoten Sie an einer Pfote fest. Auf der Rückseite der Katze wird jetzt nur noch ein Streifen doppelseitiges Klebeband zur Befestigung angebracht.

Schnittmuster siehe
Vorlagenbogen Seite B

Gänseduo

Das wird gebraucht

Sperrholz, 10 mm
Acryl-Lack – seidenmatt, weiß
Bastelfarben, schwarz, blaugrau und rot
Samtfaden, weiß
4 rote und 2 weiße Holzperlen, Ø 6 mm
Doppelseitiges Klebeband

So wird's gemacht

Beide Gänse werden einseitig bemalt. Vergessen Sie nicht die Kanten!
Durch den Schnabel jeder Gans bohren Sie von oben nach unten ein Loch von 2 mm Durchmesser. Das Herz versehen Sie an gekennzeichneter Stelle ebenfalls mit einer

2 mm-Bohrung. Ziehen Sie den Samtfaden bis zur Hälfte durch das Herz. Fixieren Sie ihn durch zwei Knoten. Auf jedes Fadenende schieben Sie drei Perlen. Befestigen Sie die Fäden an je einem Gänseschnabel. Den Namen schreiben Sie mit schwarzer oder weißer Farbe auf das Herz und schon können Sie Ihr neues Schild mit doppelseitigem Klebeband an der Tür anbringen!
Sie haben eine weiße Haustür? Darauf passen keine weißen Gänse? Das läßt sich ändern!

Schnittmuster siehe
Vorlagenbogen Seite B

TIP

Bemalen Sie die Gänse schwarz mit weißen Federstrichen. Füße, Schnabel und Herz werden rot angemalt. Wenn Sie jetzt noch einen schwarzen Blumenkübel mit leuchtendroten Geranien dazustellen, werden Sie staunen, wie gut diese Kombination vor der weißen Haustür wirkt! Etwas besser gegen »Langfinger« gesichert ist Ihr Türschild, wenn Sie die Gänse anschrauben. Eine schwarze Schraube wird hierbei an die Stelle der Pupille gesetzt!

Weihnachten kommt immer so plötzlich!

Haben Sie auch immer dieses Gefühl? Eben noch saß man bei schönstem Sommerwetter im Garten – und mit einem Mal steht der 1. Advent vor der Tür!

Noch kein Geschenk gekauft! Keine Dekoration für ein vorweihnachtlich geschmücktes Wohnzimmer parat!? Nehmen Sie sich ein wenig Zeit, es dauert wirklich nicht lange! Basteln Sie eine Weihnachtsglocke – oder vielleicht lieber den Adventsbaum?

Ob für Sie selbst oder als Geschenk für andere: Auch den Kerzenengel gibt es nirgendwo zu kaufen, der eine gemütliche Weihnachtsstimmung verbreitet.

Weihnachtsglocke

Das wird gebraucht

Sperrholz, 6 mm dick
Bastelfarbe, rot
Bienenwachslasur
Glimmer, gold
1 großes Metallglöckchen
Samtfaden, grün
Bastelkleber

So wird's gemacht

Wenn Sie die Vorarbeit erledigt haben, bemalen Sie die Schleife mit roter Bastelfarbe. In die Unterkante der Glocke bohren Sie ganz dicht nebeneinander drei kleine Löcher, so daß ein schmaler Schlitz entsteht, in den Sie die Aufhängeöse des Glöckchens kleben.
Mit Bastelkleber »zeichnen« Sie die Innenlinien auf die Schleife und bestreuen sie sofort mit dem Glimmer.
Bohren Sie nun noch das Loch für den Aufhängefaden.
Über einer brennenden Kerze aufgehängt, kommt die Glocke durch den funkelnden Glimmer ganz besonders gut zur Geltung.

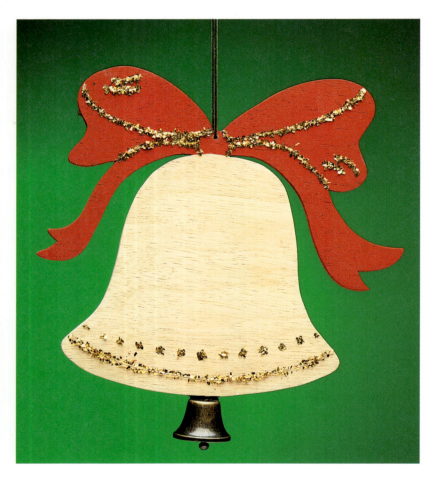

Schnittmuster siehe
Vorlagenbogen Seite A

60

Adventsbaum

Das wird gebraucht

Sperrholz, 6 bis 8 oder 10 mm dick
Holzbeize, grün
Bastelkleber
4 Kerzenteller aus Holz oder Metall
4 kleine Stumpenkerzen
4 kleine Nikoläuse o. ä.

Schnittmuster siehe
Vorlagenbogen Seite A

So wird's gemacht

Entlang der gestrichelten Linie sägen Sie in ein Teil von oben bis zur Mitte, und in das andere Teil von unten bis zur Mitte einen Schlitz. Passen Sie die Schlitzbreite Ihrer gewählten Holzstärke an.
Jetzt können beide Teile gebeizt, getrocknet und zusammengesteckt werden. Auf die unteren vier Baumspitzen kleben Sie je einen Kerzenteller und setzen eine Kerze darauf. Auf die oberen Spitzen kleben Sie kleine, weihnachtliche Figuren wie Schneemann, Engel, Nikolaus.

TIP

Auf einen mit Tannengrün geschmückten Teller gestellt, ist dieser Baum eine hübsche Alternative zum herkömmlichen Adventskranz. »Vergessene«, noch brennende Kerzen richten zudem so schnell auch kein Unheil an.

Kerzenengel

Das wird gebraucht

Sperrholz, 8 bis 10 mm dick
Acryl-Lack – seidenmatt, weiß
1 Kerzenteller, goldfarben
1 Kerze
Bastelkleber

Schnittmuster siehe
Vorlagenbogen Seite A

So wird's gemacht

Malen Sie den Engel komplett weiß an. Sägen Sie dann aus einem Restholz eine beliebig geformte Grundplatte und bemalen Sie diese ebenfalls weiß. Auf die Hand des Engels kleben Sie den Kerzenteller und setzen eine kleine Stumpenkerze darauf.
Wenn Sie nun noch den Engel mit Holzleim auf der Grundplatte befestigen, ist eine ausgefallene Adventsdekoration entstanden!

Wintersportente

Das wird gebraucht

Sperrholz, 4 mm dick
Acryl-Lack – seidenmatt, weiß
Bastelfarben Ihrer Wahl
2 Schaschlikspieße
2 flache Holzperlen (Räder)
Sekundenkleber
Samtfaden, weiß

So wird's gemacht

Bemalen Sie die Ente zuerst weiß und dann mit den Bastelfarben. Bohren Sie an den angegebenen Stellen Löcher von 3 mm Durchmesser, stecken Sie das stumpfe Ende des Schaschlikspießes hinein und kleben Sie es fest. Auf die spitzen Enden schieben Sie je eine Perle (Rad).
Natürlich braucht die Ente zu den Skistöcken auch noch Skier. Dafür sägen Sie zwei Streifen von 10 cm Länge und 1 cm Breite, an einer Seite zugespitzt, aus. Nach dem Bemalen werden sie unter die »Stiefel« der Ente geklebt. Jetzt noch ausbalancieren und als lustiges Weihnachtsmotiv aufhängen.

Schnittmuster siehe
Vorlagenbogen Seite A

Die Deutsche Bibliothek - CIP-Einheitsaufnahme

Tierische Laubsägearbeiten:
pfiffige Motive - kinderleicht; mit Vorlagenbogen /
Gabriele Wollenheit. - Augsburg:
Augustus-Verl., 1996
   ISBN 3-8043-0390-0

Das Werk einschließlich aller seiner Teile ist
urheberrechtlich geschützt. Jede Verwertung außer-
halb des Urhebergesetzes ist ohne Zustimmung des
Verlages unzulässig und strafbar. Das gilt insbeson-
dere für Vervielfältigungen, Übersetzungen,
Mikroverfilmungen und die Einspeicherung und
Verarbeitung in elektronischen Systemen.

Es ist deshalb nicht gestattet, Abbildungen dieses
Buches zu scannen, in PCs oder auf CDs zu spei-
chern oder in PCs/Computern zu verändern oder
einzeln oder zusammen mit anderen Bildvorlagen
zu manipulieren, es sei denn mit schriftlicher
Genehmigung des Verlages.

Die im Buch veröffentlichten Ratschläge wurden
von Verfasserin und Verlag sorgfältig erarbeitet
und geprüft. Eine Garantie kann dennoch nicht
übernommen werden. Ebenso ist eine Haftung der
Verfasserin bzw. des Verlages und seiner Beauf-
tragten für Personen-, Sach- und Vermögens-
schäden ausgeschlossen.

Jede gewerbliche Nutzung der Arbeiten und Ent-
würfe ist nur mit Genehmigung von Verfasserin
und Verlag gestattet.

Bei der Anwendung im Unterricht und in Kursen
ist auf dieses Buch hinzuweisen.

Fotografie: Klaus Lipa, Augsburg
Lektorat: Eva-Maria Müller, Augsburg
Umschlaggestaltung: Christa Manner, München
Umschlagfoto: Klaus Lipa, Augsburg
Layout: Bernd Walser, München

Augustus Verlag Augsburg 1997
© Weltbild Verlag GmbH, Augsburg

Satz: Bernd Walser Buchproduktion, München
Reproduktion: Colorline, Verona
Druck und Bindung: Appl, Wemding
Gedruckt auf 120 g umweltfreundlich
elementar chlorfrei gebleichtes Papier.

ISBN 3-8043-0390-0
Printed in Germany